| | |
|---|---|
| maktab - мәктәп | 2 |
| sayohat - сәяхәт | 5 |
| transport - транспорт | 8 |
| shahar - шәһәр | 10 |
| manzara - ландшафт | 14 |
| restoran - ресторан | 17 |
| supermarket - супермаркет | 20 |
| ichimliklar - эчемлекләр | 22 |
| taom - азык | 23 |
| chorvachilik xo'jaligi - ферма | 27 |
| uy - йорт | 31 |
| mehmonxona - кунак бүлмәсе | 33 |
| oshxona - аш бүлмәсе | 35 |
| vannaxona - ванна бүлмәсе | 38 |
| bolalar xonasi - балалар бүлмәсе | 42 |
| kiyim - кием | 44 |
| idora - офис | 49 |
| iqtisod - икътисад | 51 |
| kasblar - профессияләр | 53 |
| asboblar - кораллар | 56 |
| musiqa asboblari - музыкаль инструментлар | 57 |
| hayvonot bog'i - зоопарк | 59 |
| sport o'yinlari - спорт төрләре | 62 |
| mashg'ulot - хәрәкәт | 63 |
| oila - гаилә | 67 |
| tana - тән | 68 |
| shifoxona - хастаханә | 72 |
| tez yordam - кичектергесез хәл | 76 |
| yer - җир | 77 |
| soat - сәгать | 79 |
| xafta - атна | 80 |
| yil - ел | 81 |
| shakllar - формалар | 83 |
| ranglar - төсләр | 84 |
| qarama-qarshi ma'noli so'zlar - капма-каршылыклар | 85 |
| raqamlar - саннар | 88 |
| tillar - телләр | 90 |
| kim / nima / qanday - кем / нәрсә / ничек | 91 |
| qayerda - кайда | 92 |

Impressum
Verlag: BABADADA GmbH, Nedderfeld 112 , 22529 Hamburg
Geschäftsführer / Verlagsleitung: Harald Hof
Druck: Books on Demand GmbH, In de Tarpen 42, 22848 Norderstedt

Imprint
Publisher: BABADADA GmbH, Nedderfeld 112 , 22529 Hamburg, Germany
Managing Director / Publishing direction: Harald Hof
Print: Books on Demand GmbH, In de Tarpen 42, 22848 Norderstedt, Germany

# maktab
## мәктәп

bo'lmoq
бүлү

doska
такта

sinf
сыйныф бүлмәсе

maktab hovlisi
мәктәп ишегалдысы

o'qituvchi
укытучы

qog'oz
кәгазь

yozmoq
язу

ruchka
ручка

ish stoli
язу өстәле

lineyka
линейка

kitob
китап

o'quvchi
укучы

osma sumka

букча

qalamdon

пенал

qalam

кәләм

qalam uchlagich

кәләм очлагыч

o'chirgich

бетергеч

rasm albomi

рәсем ясау өчен альбом

chizmachilik

рәсем

bo'yoq cho'tka

кисточка

bo'yoqdon

буяулар тартмасы

qaychi

кайчы

yelim

җилем

mashg'ulot daftari

дәфтәр

uy ishi

өйгә эш

raqam

сан

qo'shmoq

кушу

ayirmoq

алу

ko'paytirmoq

тапкырлау

sanamoq

исәпләү

xat

хәреф

alifbo

алфавит

so'z boyligi

сүз

maktab - мәктәп

matn
текст

o'qimoq
уку

bo'r
акбур

dars
дәрес

jurnal
сыйныф журналы

imtihon
имтихан

guvohnoma
диплом

maktab formasi
мәктәп формасы

ta'lim
мәгариф

qomus
энциклопедия

oliygoh
университет

mikroskop
микроскоп

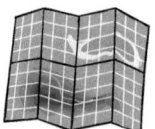
xarita
карта

urna
кәгазь өчен кәрҗин

maktab - мәктәп

# sayohat
## сәяхәт

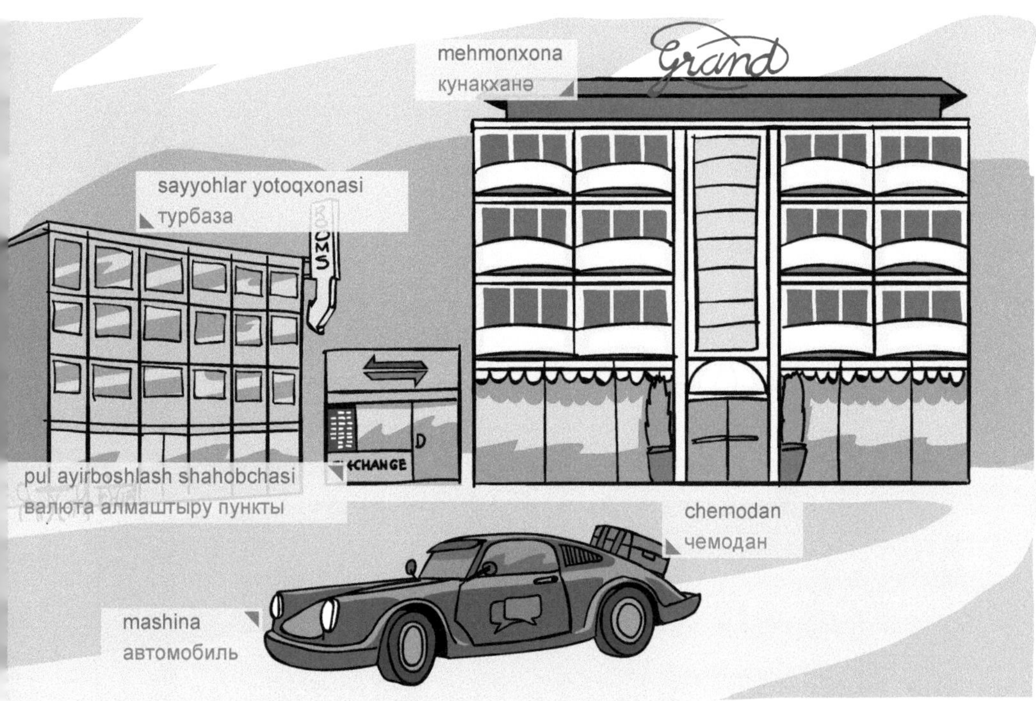

- mehmonxona / кунакханә
- sayyohlar yotoqxonasi / турбаза
- pul ayirboshlash shahobchasi / валюта алмаштыру пункты
- chemodan / чемодан
- mashina / автомобиль

til
тел

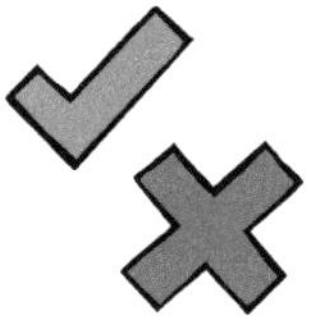

ha / yo'q
әйе / юк

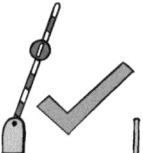

Xo'p
яхшы

salom
сәлам

tarjimon
тәрҗемәче

Raxmat
Рәхмәт

necha pul...?
Күпме тора...?

Tushunmadim
Мин аңламыйм

muammo
проблема

Xayrli kech!
Хәерле кич!

Xayrli tong!
Хәерле иртә!

Xayrli tun!
Тыныч йокы!

koʻrishguncha
хушыгыз

yoʻnalish
юнәлеш

yoʻlovchi yuki
багаж

safarxalta
букча

yuk xalta
рюкзак

mehmon
кунак

xona
бүлмә

uyquqop
йоклар өчен капчык

palatka
палатка

sayohat - сәяхәт

sayohlarga ma'lumot berish stoli
................
туристик мәгълүмат

plyaj
................
пляж

omonat karta
................
кредит картасы

nonushta
................
иртәнге аш

nonushta
................
төш

kechki ovqat
................
кичке аш

chipta
................
билет

lift
................
лифт

marka
................
почта маркасы

chegara
................
чик

bojxona
................
таможня

elchixona
................
илчелек

viza
................
виза

pasport
................
паспорт

sayohat - сәяхәт

# transport
## транспорт

samolyot
очкыч

kema
кораб

o't o'chiruvchi mashina
янгын автомобиле

avtobus
автобус

yuk avtomobili
йөк машинасы

motorli qayiq
моторлы көймә

mashina
автомобиль

velosiped
велосипед

solsimon yassi kema

паром

qayiq

көймә

mototsikl

мотоцикл

posbon mashinasi

полиция автомобиле

poyga mashinasi

узыш автомобиле

kiraga olingan avtoulov

вакытлыча алып торган автомобиль

avtoijara

Автомобильләр белән уртак файдалану

shatakka oluvchi yuk avtomobili

буксирлау автомобиле

axlat mashinasi

чүп ташучы

motor

двигатель

yoqilg'i

ягулык

yoqilg'i quyish shahobchasi

заправка

yo'l belgisi

юл билгесе

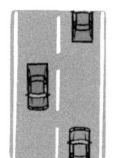

yo'l harakati

хәрәкәт

tirband

бөке

avtomobil to'xtab turish joyi

автомобиль туктальшы

poyezd bekati

вокзал

rels

рельслар

poyezd

поезд

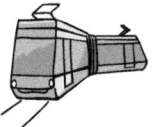

tramvay

трамвай

vagon

вагон

transport - транспорт

vertolyot

вертолет

aeroport

аэропорт

minora

каланча

yo'lovchi

юлчы

konteyner

контейнер

qog'oz quti

тартма

aravacha

арба

savat

кәрзинкә

uchmoq / qo'nmoq

очу / җиргә төшү

# shahar
# шәһәр

qishloq

авыл

shahar markazi

шәһәр үзәге

uy

йорт

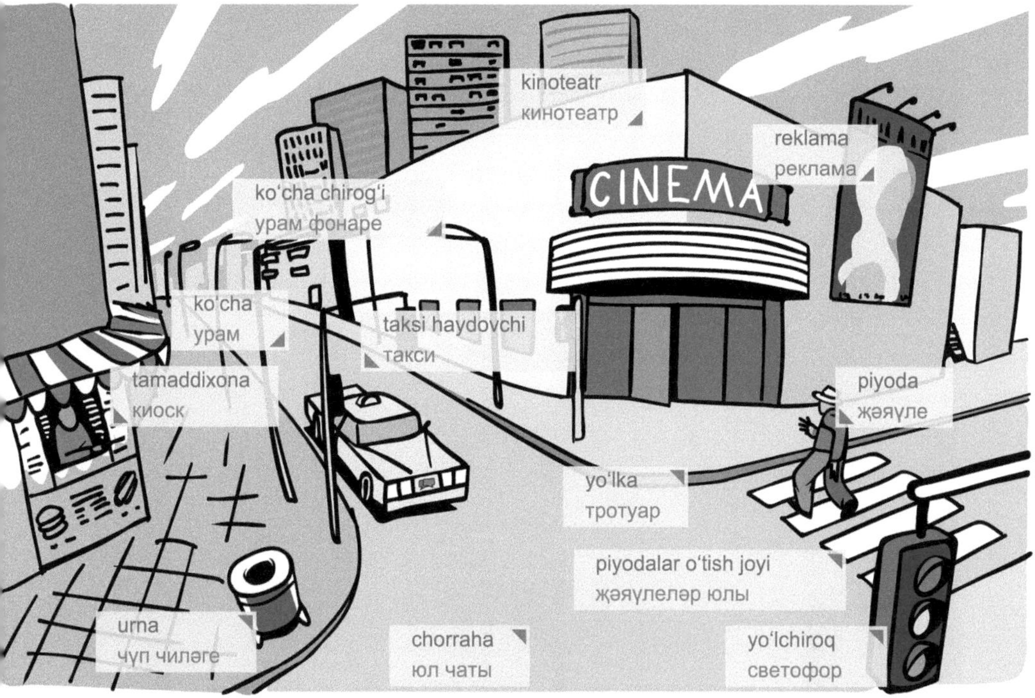

kinoteatr
кинотеатр

reklama
реклама

ko'cha chirog'i
урам фонаре

ko'cha
урам

taksi haydovchi
такси

tamaddixona
киоск

piyoda
җәяүле

yo'lka
тротуар

piyodalar o'tish joyi
җәяүлеләр юлы

urna
чүп чиләге

chorraha
юл чаты

yo'lchiroq
светофор

kulba

алачык

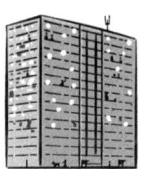

kvartira

фатир

poyezd bekati

вокзал

mahalliy hokimiyat binosi

ратуша

muzey

музей

maktab

мәктәп

shahar - шәһәр

oliygoh

университет

bank

банк

shifoxona

хастаханә

mehmonxona

кунакханә

dorixona

даруханә

idora

офис

kitob do'koni

китап кибете

do'kon

кибет

gul do'koni

чәчәк кибете

supermarket

супермаркет

bozor

базар

univermag

универмаг

baliq do'koni

балык кибете

savdo markazi

сәүдә үзәге

bandargoh

порт

shahar - шәһәр

istirohat bogʻi

парк

bank

эскәмия

koʻprik

күпер

zinapoya

баскыч

metro

метро

yer osti yoʻli

тоннель

avtobus bekati

автобус тукталышы

bar

бар

restoran

ресторан

pochta qutisi

почта тартмасы

koʻcha yozuv osma taxtasi

урам исеме язылган такта

toʻxtab turish vaqtini hisoblagach

паркометр

hayvonot bogʻi

зоопарк

basseyn

бассейн

masjid

мәчет

shahar - шәһәр

chorvachilik xoʻjaligi

ферма

atrof-muhit ifloslanishi

әйләнә-тирә мохитне пычрату

qabriston

зират

ibodatxona

чиркәү

bolalar oʻyingohi

балалар мәйданчыгы

ehrom

гыйбадәтханә

## manzara
## ландшафт

yaproq
бит

yoʻlkoʻrsatgich
юл күрсәткече

yoʻl
юл

oʻtloq
болын

tosh
таш

daraxt
агач

sayyoh
сәяхәтче

daryo
елга

maysa
үлән

gul
чәчәк

manzara - ландшафт

vodiy
үзән

qir
тау

ko'l
күл

o'rmon
урман

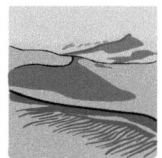
cho'l
чүл

vulkan
вулкан

qal'a
йозак

kamalak
салават күпере

qo'ziqorin
гөмбә

palma daraxti
пальма

pashsha
черки

chivin
чебен

chumoli
кырмыска

asalari
корт

o'rgimchak
үрмәкүч

manzara - ландшафт

qo'ng'iz
коңғыз

qurbaqa
бака

olmaxon
тиен

tipratikon
керпе

quyon
куян

ukki
ябалак

qush
кош

oqqush
аккош

erkak cho'chqa
кабан дуңғызы

bug'u
болан

butoq shohli kiyik
поши

to'g'on
буа

shamol generatori
җил генераторы

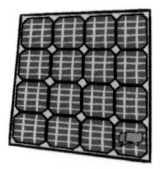
quyosh batareyasi
кояш батареясы

iqlim
климат

manzara - ландшафт

# restoran
# ресторан

gazak
кабымлык

asosiy taom
төп ашамлык

desert
десерт

ichimliklar
эчемлекләр

taom
азык

butilka
шешә

tez pishar taom
фастфуд

ko'cha taomi
урам ризыгы

choynak
чәйнек

shakardon
шикәр савыты

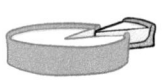

portsiya
күләм

espresso kofe mashinasi
кофе кайнаткыч

bolalar kursichasi
балалар урындыгы

hisob
исәпләү

lagan
поднос

pichoq
пычак

sanchqi
чәнечке

qoshiq
кашык

choy qoshiq
чәй кашыгы

qo'l sochiq
салфетка

stakan
стакан

restoran - ресторан

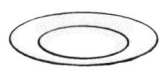
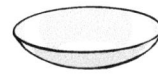

likop — тәлинкә

sho'rva kosa — аш тәлинкәсе

taqsimcha — чәй тәлинкәсе

qayla — соус

tuzdon — тоз савыты

qalampir yanchgich — борыч ваклагыч

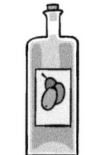
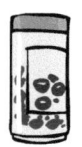

sirka — серкә

yog' — сыек май

ziravorlar — тәмләткеч

ketchup — кетчуп

xantal — горчица

mayonez — майонез

# supermarket

# супермаркет

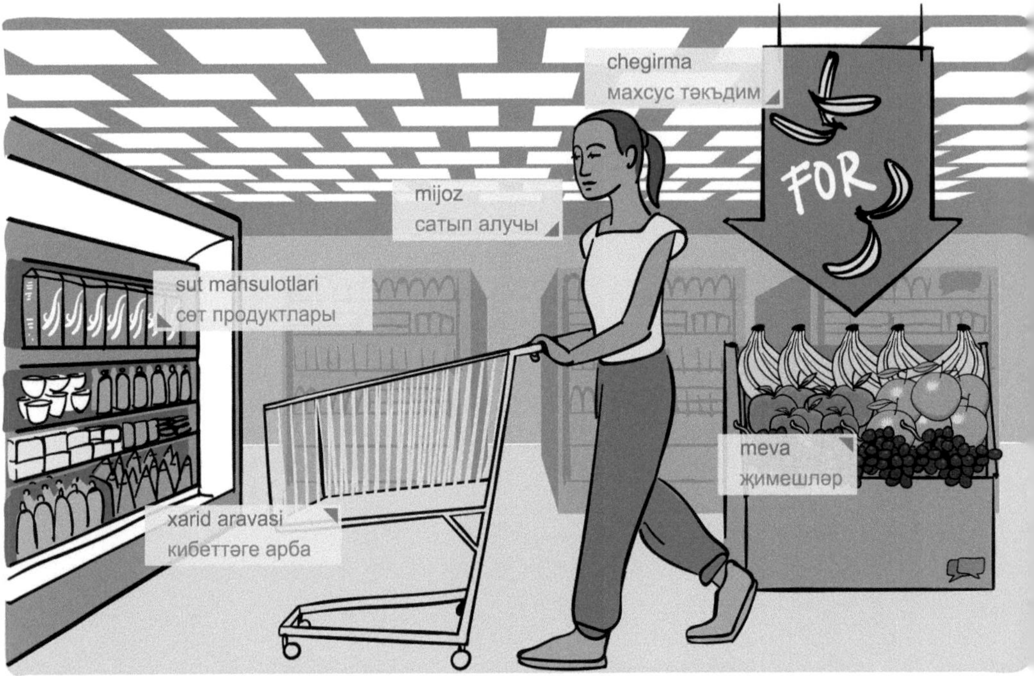

chegirma
махсус тәкъдим
FOR
mijoz
сатып алучы
sut mahsulotlari
сөт продуктлары
meva
җимешләр
xarid aravasi
кибеттәге арба


BUTCHERS


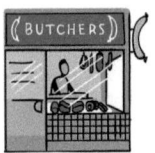

qassobxona

ит кибете

BAKERY

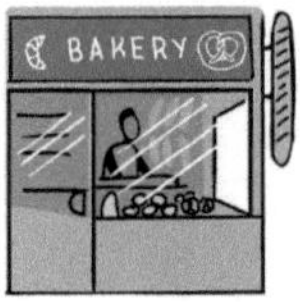

nonvoyxona

икмәк пешерү йорты

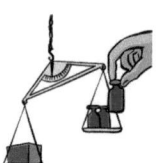

tarozida o‘lchamoq

килү

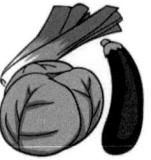

sabzavot

яшелчә

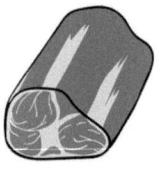

go‘sht

ит

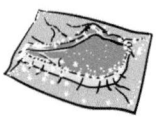

muzlatilgan taomlar

туңдырылган продуктлар

yaxna go'sht

кисәкле ит

konserva

консервалар

kir yuvish vositasi

кер юу порошогы

shirinliklar

тәм-томнар

kundalik iste'mol taomlari

көнкүреш җиһазлары

yuvish vositalari

юу әйбере

sotuvchi

хатын-кыз сатучы

kassa

касса

kassachi

кассир

xarid ro'yxati

сатып алган әйберләрнең исемлеге

ish vaqti

эш вакыты

hamyon

бумажник

omonat karta

кредит картасы

xalta

букча

tsellofan xalta

полиэтилен пакет

**supermarket - супермаркет**

# ichimliklar
## эчемлекләр

suv

су

sharbat

сок

sut

сөт

koka-kola

кока-кола

vino

шәраб

pivo

сыра

spirtli ichimlik

хәмер

kakao

какао

choy

чәй

kofe

кофе

espresso

эспрессо

kapuchino

капучино

# taom
## азык

banan
банан

olmaxon
алма

apelsin
әфлисун

qovun
карбыз

limon
лимон

sabzi
кишер

sarimsoq
сарымсак

bambuk
бамбук

piyoz
суган

qo'ziqorin
гөмбә

yong'oq
чикләвекләр

lag'mon
токмач

taom - азык

spagetti
спагетти

guruch
дөге

salat
салат

kartoshka-fri
чипсы

qovurilgan kartoshka
кыздырылган бәрәңге

pitstsa
пицца

gamburger
гамбургер

sendvich
сэндвич

to'qmoqlangan to'sh qiymasi
котлет

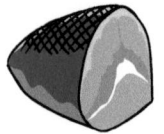

dudlangan cho'chqa go'shti
ветчина

salyami kolbasasi
салями

sosiska
сосиска

tovuq go'shti
тавык

qovurilgan
кыздырма

baliq
балык

taom - азык

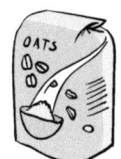

suli bo'tqasi
солы кисәкләре

myusli
мюсли

makkajo'xori yormasi
кукуруз кисәкләре

un
он

frantsuz bulochkasi
круассан

bulochka
булка

non
икмәк

qizartirilgan non burdasi
тост

pishiriq
печенье

sariyog'
май

tvorog
эремчек

pirog
пирог

tuxum
йомырка

qovurilgan tuxum
йомырка тәбәсе

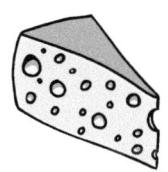

pishloq
сыр

taom - азык

25

muzqaymoq

туңдырма

shakar

шикәр

asal

бал

murabbo

кайнатма

shokolad pastasi

шоколадлы паста

zarchava

карри

taom - азык

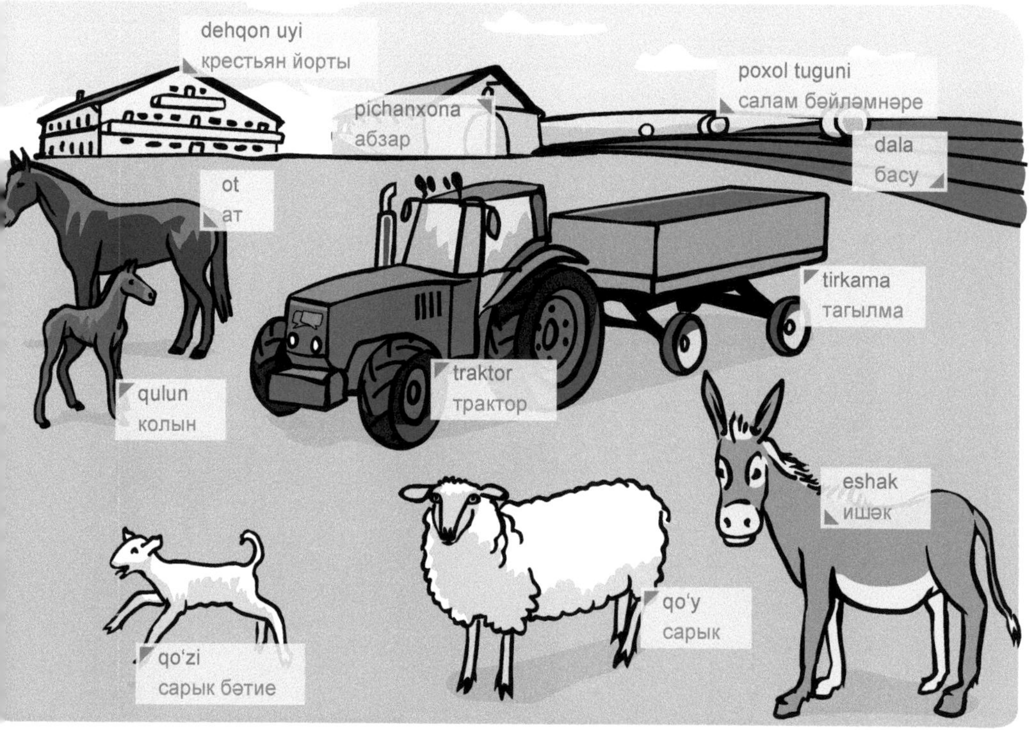

# chorvachilik xoʻjaligi
## ферма

dehqon uyi — крестьян йорты
pichanxona — абзар
poxol tuguni — салам бәйләмнәре
dala — басу
ot — ат
tirkama — тагылма
qulun — колын
traktor — трактор
eshak — ишәк
qoʻzi — сарык бәтие
qoʻy — сарык

echki
кәҗә

sigir
сыер

buzoq
бозау

choʻchqa
дуңгыз

choʻchqa bolasi
дуңгыз баласы

buqa
үгез

g'oz
каз

o'rdak
үрдәк

jo'ja
чеби

tovuq
тавык

xo'roz
әтәч

kalamush
күсе

mushuk
песи

sichqon
тычкан

ho'kiz
эш үгезе

it
эт

katalak
эт оясы

hovli bog' shlangi
бакча шлангысы

gulchelak
сусипкеч

belo'roq
чалгы

temir omoch
сабан

chorvachilik xo'jaligi - ферма

qo'lo'roq
урак

chopqi
китмән

panshaxa
тирес сәнәге

bolta
балта

g'altakarava
кул арбасы

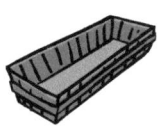

oxur
тагарак

sut bidoni
сөт өчен бидон

to'rva
капчык

panjara
койма

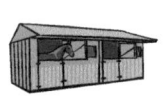

og'ilxona
абзар

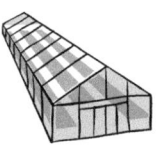

issiqxona
теплица

tuproq
туфрак

urug'
чәчү

o'g'it
ашлама

kombayn
комбайн

chorvachilik xo'jaligi - ферма

hosil olmoq
уңыш җыю

yig'im-terim
уңыш

yams
ямса

bug'doy
бодай

soya
соя

kartoshka
бәрәңге

makkajo'xori
кукуруз

raps urug'i
рапс

mevali daraxt
җимеш агачы

maniok
маниок

yorma
иген

chorvachilik xo'jaligi - ферма

# uy
## йорт

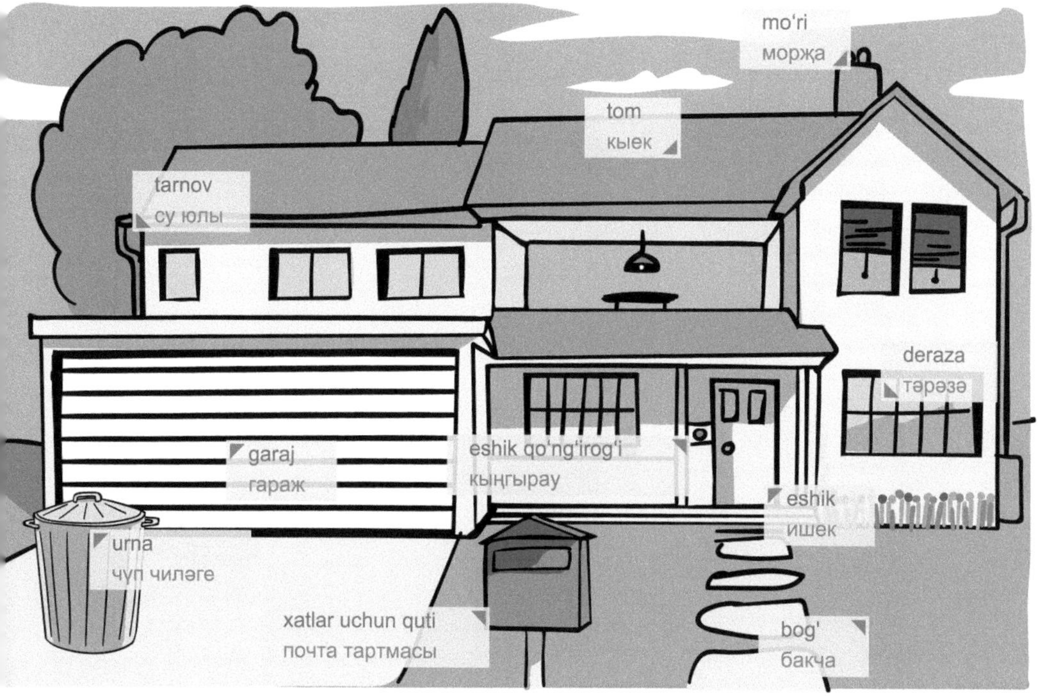

- mo'ri / моржа
- tom / кыек
- tarnov / су юлы
- deraza / тәрәзә
- garaj / гараж
- eshik qo'ng'irog'i / кыңгырау
- eshik / ишек
- urna / чүп чиләге
- xatlar uchun quti / почта тартмасы
- bog' / бакча

mehmonxona
кунак бүлмәсе

vannaxona
ванна бүлмәсе

oshxona
аш бүлмәсе

yotoqxona
йокы бүлмәсе

bolalar xonasi
балалар бүлмәсе

oshxona
ашханә

uy - йорт

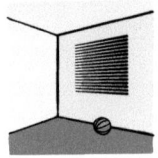

pol
идән

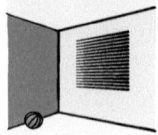

devor
дивар

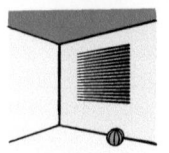

ship
түшәм

podval
баз

sauna
сауна

balkon
балкон

ayvon
терраса

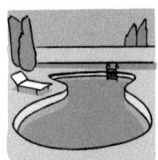

basseyn
бассейн

o't o'rgich mashina
газон чапкыч

ko'rpajild
юрган аслыгы

choyshab
япма

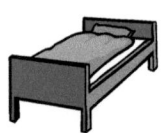

krovat
карават

supurgi
себерке

paqir
чиләк

murvat
сүндергеч

uy - йорт

# mehmonxona
## кунак бүлмәсе

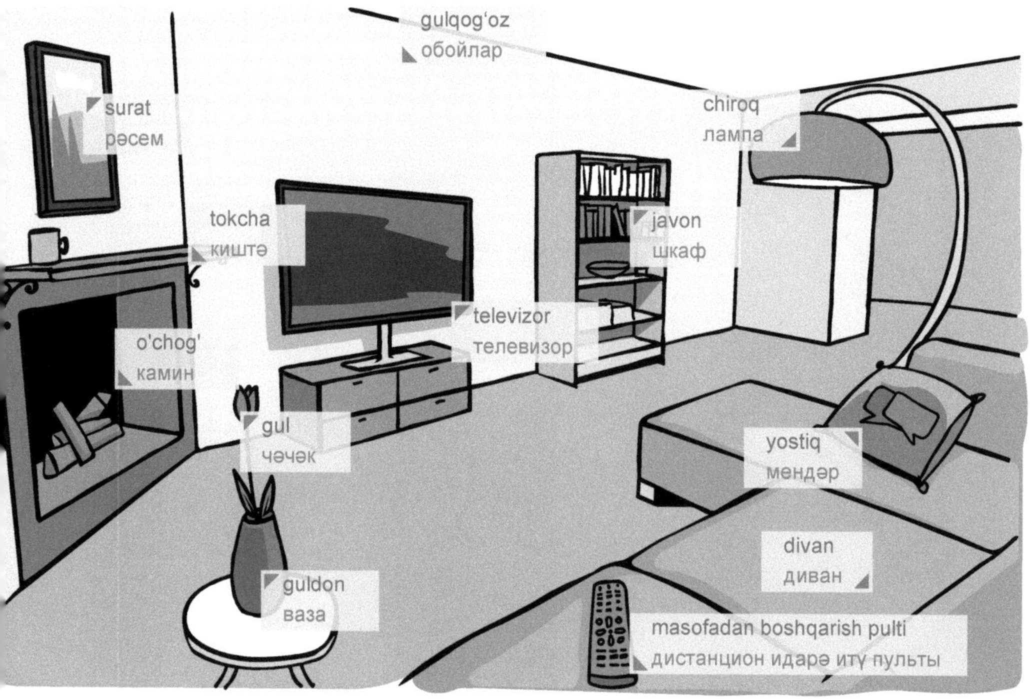

- gulqog'oz / обойлар
- surat / рәсем
- chiroq / лампа
- tokcha / киштә
- javon / шкаф
- o'chog' / камин
- televizor / телевизор
- gul / чәчәк
- yostiq / мендәр
- divan / диван
- guldon / ваза
- masofadan boshqarish pulti / дистанцион идарә иту пульты

gilam
келәм

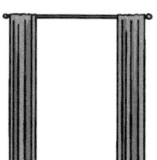

parda
пәрдә

stol
өстәл

stul
утыргыч

tebranma kursi
тибрәткеч кәнәфи

kreslo
кәнәфи

kitob
китап

ko'rpa
япма

hasham
бизәк

o'tin
утын

kino
фильм

stereo qurilma
стереосистема

kalit
ачкыч

gazeta
газета

rasm
картина

plakat
плакат

radio
радио

yon daftar
блокнот

chang yutgich
тузан суыргыч

kaktus
кактус

sham
шәм

mehmonxona - кунак бүлмәсе

# oshxona
## аш бүлмәсе

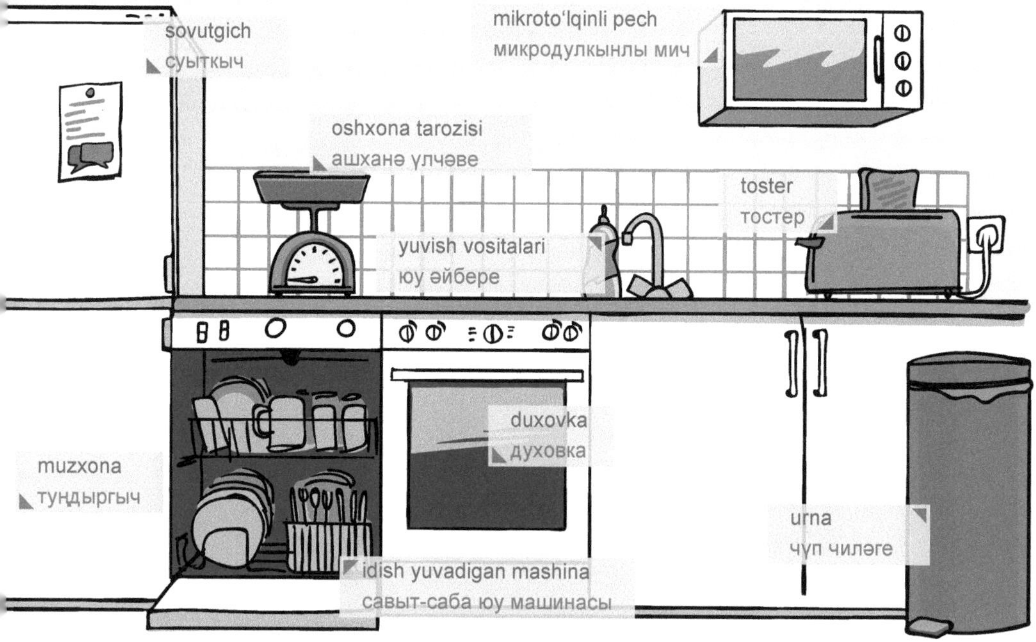

sovutgich
суыткыч

mikroto'lqinli pech
микродулкынлы мич

oshxona tarozisi
ашханә үлчәве

toster
тостер

yuvish vositalari
юу әйбере

duxovka
духовка

muzxona
туңдыргыч

urna
чүп чиләге

idish yuvadigan mashina
савыт-саба юу машинасы

plita
плитә

kastryul
кәстрүл

cho'yan qozon
чуен казан

bo'rtma tubli tova
вок / казан

tova
таба

chovgun
чәйнек

mantiqasqon

парда пешергеч

tunuka tova

калай таба

chinni idish

савыт-саба

krushka

кружка

kosa

җамаяк

taom yeyish tayoqchalari

таякчык

cho'mich

аш чүмече

kurakcha

лопатка

ko'pirtirgich

туглауыч

chovli

иләк

elak

иләк

qirg'ich

кыргыч

hovoncha

төйгеч

gril

гриль

olov

учак

oshxona - аш бүлмәсе

oshtaxta

такта

juva

уклау

parmasimon tiqin ochgich

бөке суыргыч

konserva

калай банк

konserva ochgich

консерв ачу өчен пычак

tutgich

эләктергеч

unitaz

раковина

idish cho'tka

щётка

qozonsochiq

губка

qorishtirgich

миксер

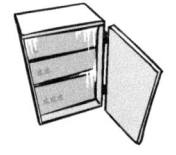

muzlatgich

туңдыру камерасы

so'rg'ichli chaqaloq butilkasi

ашату өчен шешә

kran

кран

oshxona  -  аш бүлмәсе

# vannaxona
## ванна бүлмәсе

| | | |
|---|---|---|
| hojatxona | polga oʻrnatiladigan unitaz | tahoratdon |
| бәдрәф | унитаз | биде |
| siydik unitazi | hojatxona qogʻozi | hojatxona choʻtkasi |
| писсуар | бәдрәф кәгазе | керпе кебек чистарткыч |

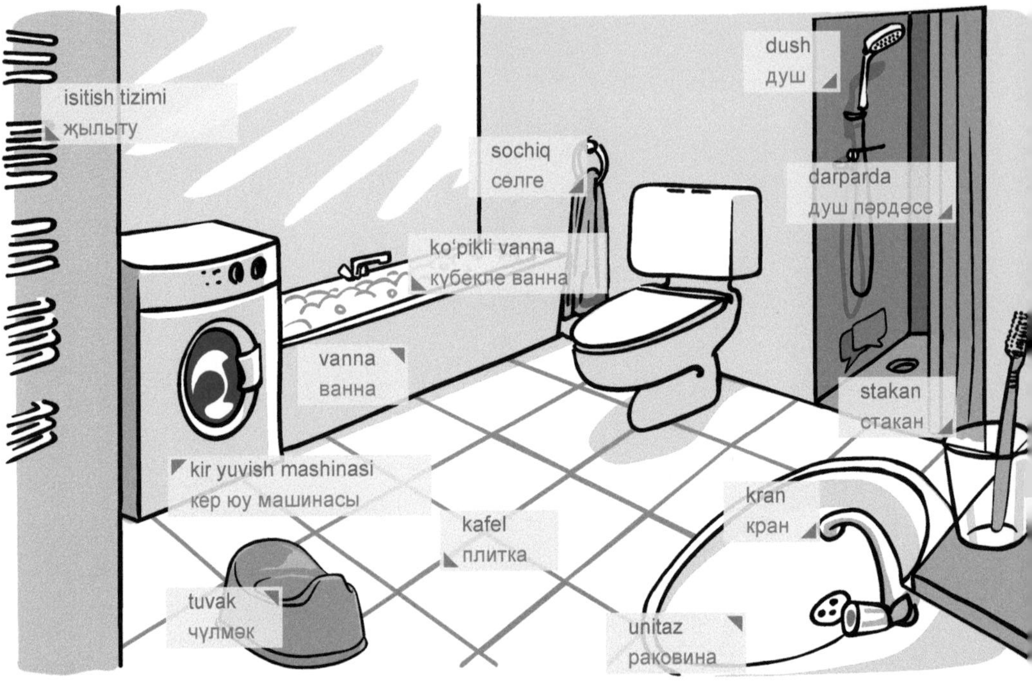

vannaxona - ванна бүлмәсе

tish choʻtka

теш щеткасы

tish pastasi

теш пастасы

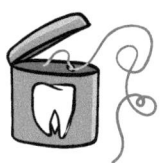

tish tozalagich ip

теш җебе

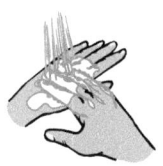

yuvmoq

юу

dastakli dush

кул душы

tahorat uchun dush

душ

togʻora

оча сөяге

yelka qashlaydigan choʻtka

аврка өчен щетка

sovun

сабын

dush uchun gel

душ өчен гель

shampun

шампунь

mochalka

мунчала

quvur

агым

krem

крем

dezodorant

дезодорант

vannaxona - ванна бүлмәсе

ku'zgu
közge

qo'l ku'zgusi
кул көзгесе

ustara
пәке

ustara uchun ko'pik
кырыну өчен кубек

salqinlantiruvchi balzam
Кырынаганнан соң
кулланыла торган лосьон

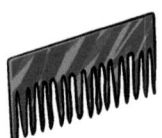

taroq
тарак

cho'tka
щётка

fen
фен

soch uchun lak
чәчләр лагы

pardoz-andoz
косметика

lab uchun pomada
ирен буявы

tirnoq laki
тырнаклар лагы

paxta
мамык

tirnoq qaychisi
маникюр кайчысы

atir
хушбуй

40  vannaxona - ванна бүлмәсе

pardoz-andoz xaltasi
косметика савыты

kursi
урындык

tarozi
үлчәү

cho'milish xalati
халат

rezina qo'lqop
резин перчаткалар

tampon
тампон

gigiyenik taglik
гигиена җәймәсе

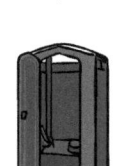
biohojatxona
биотуалет

vannaxona - ванна бүлмәсе

## bolalar xonasi
## балалар бүлмәсе

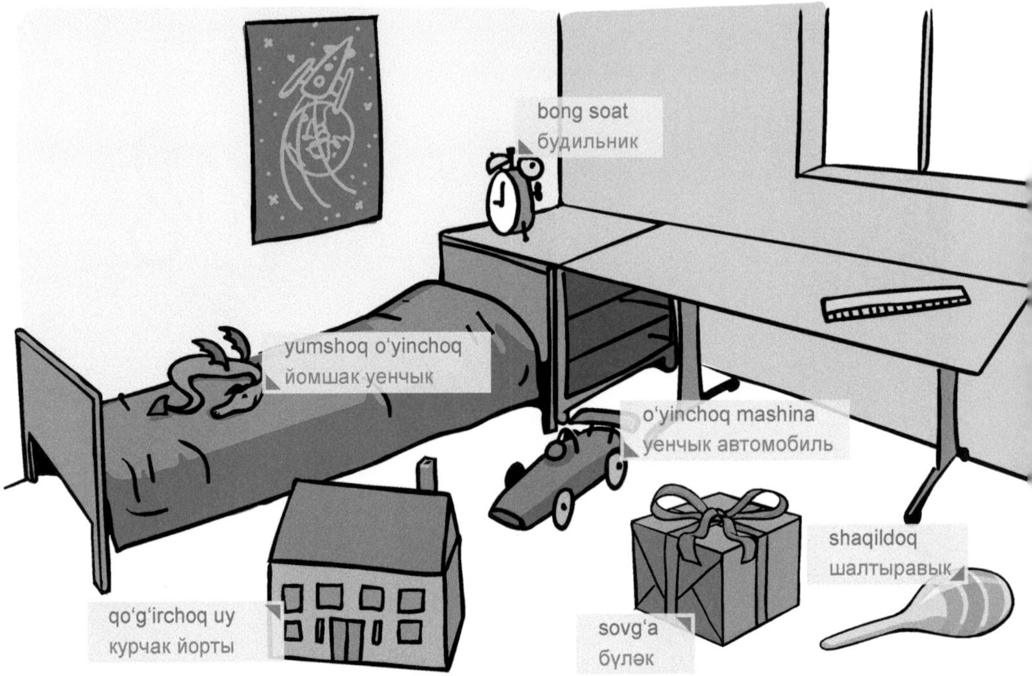

bong soat
будильник

yumshoq o'yinchoq
йомшак уенчык

o'yinchoq mashina
уенчык автомобиль

shaqildoq
шалтыравык

qo'g'irchoq uy
курчак йорты

sovg'a
бүләк

shar
һава шары

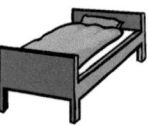

krovat
кароват

bolalar aravachasi
балалар коляскасы

karta to'plami
кәрт уены

terma tasvir
пазл

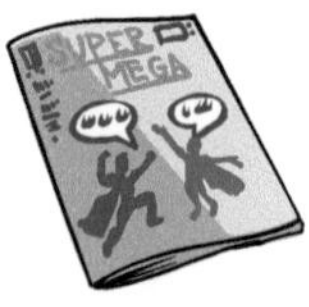

kulgili sahna asari
комикс

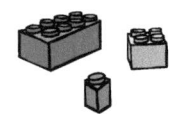

lego g'ishtlari

Лего кирпечекләре

o'yinchoq kubiklar

шакмак

o'yinchoq qahramon

уенчык

polzunka

ползунки

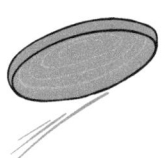

uchar likopcha

фрисби

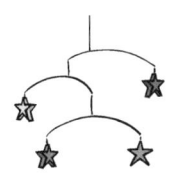

osma shaqildoq

мобиль

stol o'yini

өстәл уены

oshiq

шакмак

poyezd maketi

тимер юл моделе

so'rg'ich

имезлек

o'tirish

кичә

rasmli kitob

рәсемнәр белән бизәлгән китап

koptok

туп

qo'g'irchoq

курчак

o'ynamoq

уйнау

bolalar xonasi - балалар бүлмәсе

qumdon

комлык

arg'imchoq

таган

o'yinchoqlar

уенчык

o'yin pristavkasi

уен приставкасы

uch g'ildirakli velosiped

өч көпчәкле велосипед

baxmal ayiq

плюш аю

kiyim shkafi

кием-салым шкафы

# kiyim
# кием

paypoq

оекбаш

chulki

оек

kolgotka

колготки

bodi
боди

ishton
чалбар

jinsi
джинсы

yubka
итәк

kofta
блузка

ko'ylak
күлмәк

jemper
свитер

uzun chakmon
свитер

sport bichimidagi pidjak
спорт курткасы

kurtka
жакет

palto
пәлтә

plash
плащ

libos
костюм

ko'ylak
күлмәк

kelin ko'ylak
туй күлмәге

kiyim - кием

kostyum shim

ирләр костюмы

tungi ko'ylak

төнге эчке күлмәк

pijama

пижама

sari

сари

sholro'mol

яулык

salla

чалма

paranji

пәрәнҗә

chakmon

кафтан

abaya

абайя

cho'milish kostyumi

коену костюмы

tursik

плавки

shortik

шорт

sport kostyumi

спорт костюмы

fartuk

алъяпкыч

qo'lqop

перчаткалар

kiyim - кием

tugma
төймә

ko'zoynak
күзлек

bilaguzuk
беләзек

munchoq
чылбыр

uzuk
балдак

sirg'a
алка

kepka
бүрек

palto ilgak
элгеч

shlyapa
эшләпә

bo'yinbog'
галстук

zamok
молния каптырмасы

dubulg'a
каска

shim tortgich
подтяжка

maktab formasi
мәктәп формасы

forma
форма

kiyim - кием

oshxo'rak
балалар күкрәкчәсе

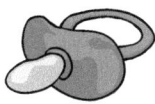
so'rg'ich
имезлек

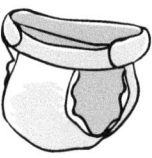
taglik
подгузник

# idora
## офис

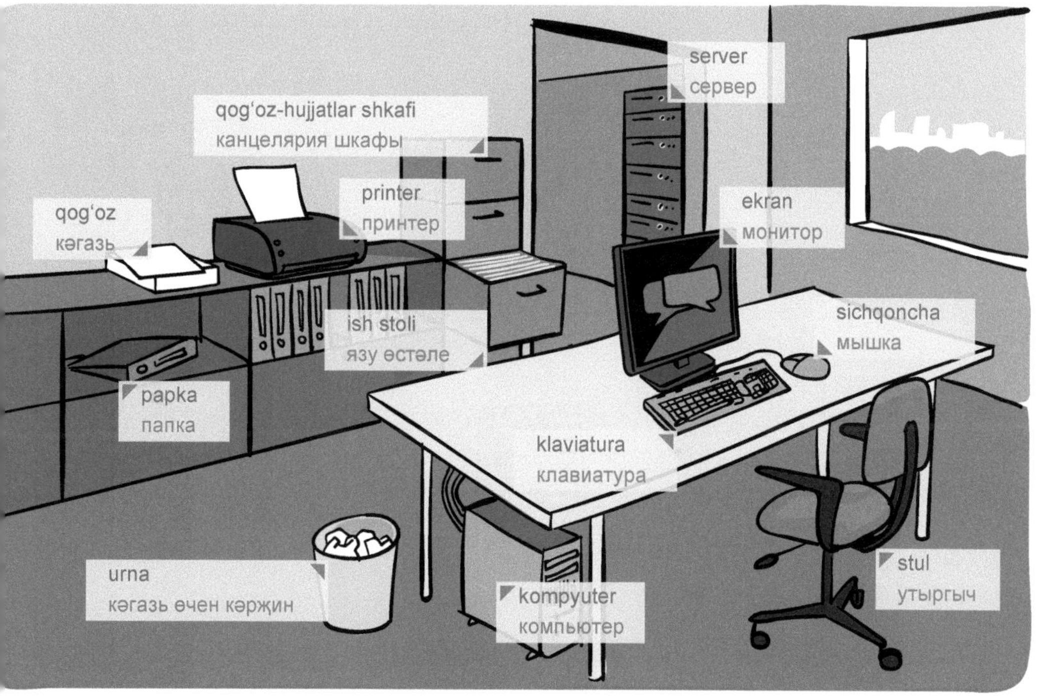

- qog'oz-hujjatlar shkafi — канцелярия шкафы
- server — сервер
- printer — принтер
- ekran — монитор
- qog'oz — кәгазь
- sichqoncha — мышка
- ish stoli — язу өстәле
- papka — папка
- klaviatura — клавиатура
- urna — кәгазь өчен кәрҗин
- kompyuter — компьютер
- stul — утыргыч

kofe krujkasi
кофе кружкасы

kalkulyator
калькулятор

internet
интернет

noutbuk
ноутбук

xat
хат

maktub
хәбәр

uyali telefon
кесә телефоны

tarmoq
челтәр

nusxa koʻchirgich
ксерокс

dastur
программа

telefon
телефон

rozetka
розетка

faks
факс

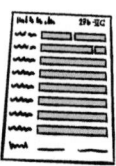
shakllar
формуляр

hujjat
документ

# iqtisod
# икътисад

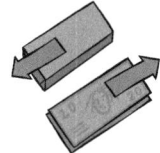
xarid qilmoq
сатып алу

to'lamoq
түләү

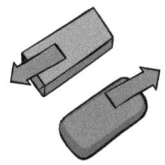
savdolashmoq
сәүдә

pul
акча

dollar
доллар

yevro
евро

yyen
иена

rubl
сум

shvetsar franki
франк

Jenminbi xitoy yuani
жэньминьби юань

rupi
рупия

bankomat
банкомат

pul ayirboshlash shahobchasi

валюта алмаштыру пункты

oltin

алтын

kumush

көмеш

neft

җир мае

energiya

энергия

narx

бәя

shartnoma

килешү

soliq

салым

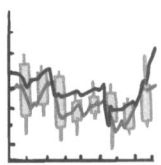

aktsiya

акция

ishlamoq

эш

ishchi

эшче

ish beruvchi

эш бирүче

zavod

фабрика

do'kon

кибет

iqtisod - икътисад

# kasblar
## профессияләр

politsiyachi
полицейский

oʻt oʻchiruvchi
янгын сүндерүче

oshpaz
пешекче

shifokor
табиб

uchuvchi
очучы

bogʻbon
бакчачы

duradgor
агач остасы

tikuvchi
тегүче

hakam
хаким

kimyogar
химик

aktyor
актер

kasblar - профессияләр   53

avtobus haydovchi
автобус йөртүче

taksi haydovchisi
таксист

baliq ovlovchi
балыкчы

farrosh
җыештыручы хатын

tom ustasi
түбә ябучы

ofitsiant
официант

ovchi
аучы

bo'yoqchi
рәссам

nonvoyxona
пешекче

elektr ustasi
электрик

quruvchi
төзүче

muhandis
инженер

qassob
итче

suvchi chilangar
сантехник

pochtachi
хат ташучы

kasblar - профессияләр

askar
солдат

me'mor
архитектор

kassachi
кассир

gulchi
чәчәкче

sartarosh
парикмахер

chiptachi
кондуктор

mexanik
механик

kapitan
капитан

tish shifokori
теш табибы

olim
галим

yaxudiylar ruhoniysi
раввин

imom
имам

rohib
монах

ruhiniy
рухани

kasblar - профессияләр

# asboblar
## кораллар

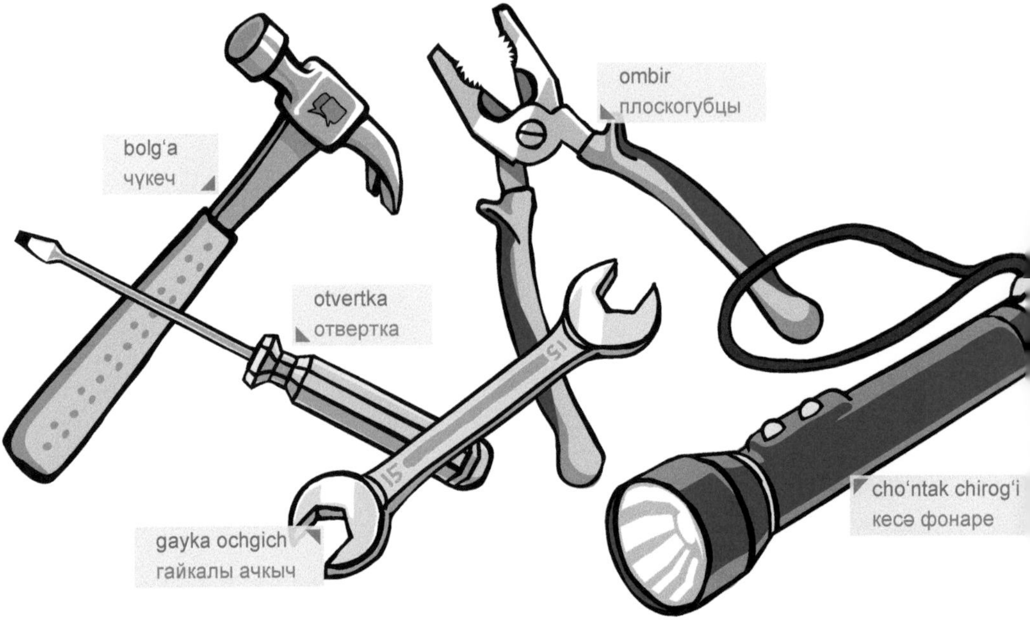

bolg'a
чүкеч

ombir
плоскогубцы

otvertka
отвертка

gayka ochgich
гайкалы ачкыч

cho'ntak chirog'i
кесә фонаре

ekskavator
экскаватор

asboblar qutisi
инструментлар өчен тартма

narvon
баскыч

qo'larra
пычкы

mix
кадаклар

parmadasta
дрель

tuzatmoq
төзәтү

belkurak
көрәк

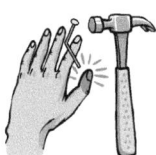

Jin ursin!
Шайтан алгыры!

xokandoz
соскы

bo'yoq idish
савытлы буяу

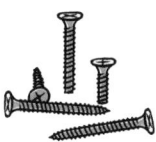

burama mix
винтлар

## musiqa asboblari
## музыкаль инструментлар

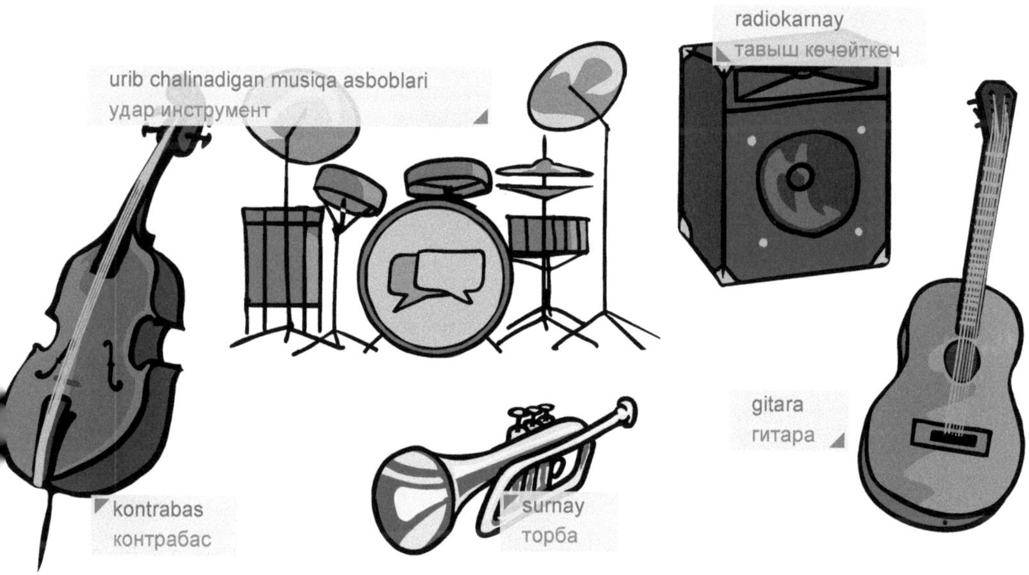

urib chalinadigan musiqa asboblari
удар инструмент

radiokarnay
тавыш көчәйткеч

gitara
гитара

kontrabas
контрабас

surnay
торба

pianino
пианино

g'ijjak
скрипка

bas-gitara
бас-гитара

qo'shnog'ora
литавра

do'mbira
барабан

klaviatura
синтезатор

saksofon
саксофон

nay
флейта

mikrofon
микрофон

musiqa asboblari - музыкаль инструментлар

# hayvonot bog'i
## зоопарк

arslon / юлбарыс
qafas / күзәнәк
zebra / зебра
kirish / керу
yem / азык
panda / панда

hayvonlar
хайваннар

fil
фил

kenguru
көнгерә

karkidon
мөгезборын

gorilla
горилла

ayiq
аю

tuya
дөя

tuyaqush
тәвә кошы

sher
арыслан

maymun
маймыл

qizil g'oz
фламинго

to'ti
тутый кош

oq ayiq
ак аю

pingvin
пингвин

akula
акула

tovus
тавис

ilon
елан

timsoh
крокодил

hayvonot bog'i qorovuli
зоопарк хезмәткәре

tyulen
тюлень

yaguar
ягуар

to'pichoq ot
пони

qoplon
каплан

begemot
су үгезе

jirafa
жираф

burgut
бөркет

erkak cho'chqa
кабан дуңгызы

baliq
балык

toshbaqa
ташбака

morj
морж

tulki
төлке

ohu
газәл

# sport o'yinlari
# спорт төрләре

# mashg'ulot
## xərəkət

- sakramoq — сикерү
- quchmoq — кочаклау
- kulmoq — көлү
- yurmoq — бару
- kuylamoq — җырлау
- ibodat qilmoq — гыйбадәт кылу
- o'pmoq — үбү
- hayol qilmoq — хыяллану

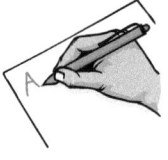

yozmoq
язу

chizmoq
рәсем ясау

ko'rsatmoq
күрсәтү

itarmoq
басу

bermoq
бирү

olmoq
алу

ega bo'lmoq
үзеңдә булдыру

bajarmoq
эшләү

bo'lmoq
булу

turmoq
басып тору

yugurmoq
йөгерү

tortmoq
тарту

uloqtirmoq
ташлау

yiqilmoq
егылу

aldamoq
яту

kutmoq
көтү

tashimoq
йөртү

o'tirmoq
утыру

kiyinmoq
кию

uxlamoq
йоклау

uyg'onmoq
уяну

mashg'ulot - хәрәкәт

qaramoq
карау

yig'lamoq
елау

zarba bermoq
үтекләү

taramoq
тарау

gaplashmoq
әйтү

tushunmoq
аңлау

so'ramoq
сорау

tinglamoq
тыңлау

ichmoq
эчү

yemoq
ашау

yig'ishtirmoq
тәртипкә китерү

sevmoq
сөю

pishirmoq
әзерләү

haydamoq
машинада бару

uchmoq
очу

mashg'ulot - хәрәкәт

kemada suzmoq

Җилкәндә йөрү

sanamoq

исәпләү

o'qimoq

уку

o'rganmoq

уку

ishlamoq

эш

turmush qurmoq

никахлашу

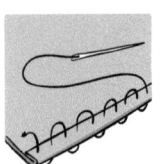

tikmoq

тегү

tish yuvmoq

тешләрне чистарту

o'ldirmoq

үтерү

chekmoq

төмәке тарту

yo'llamoq

җибәрү

# oila
# гаилә

buvi / әби

buva / бабай

ota / әти

ona / әни

chaqaloq / сабый

qiz / кыз

o'g'il / ул

mehmon

кунак

amma

түти

tog'a

абый

aka

кардәш

opa

апа

# tana
## тән

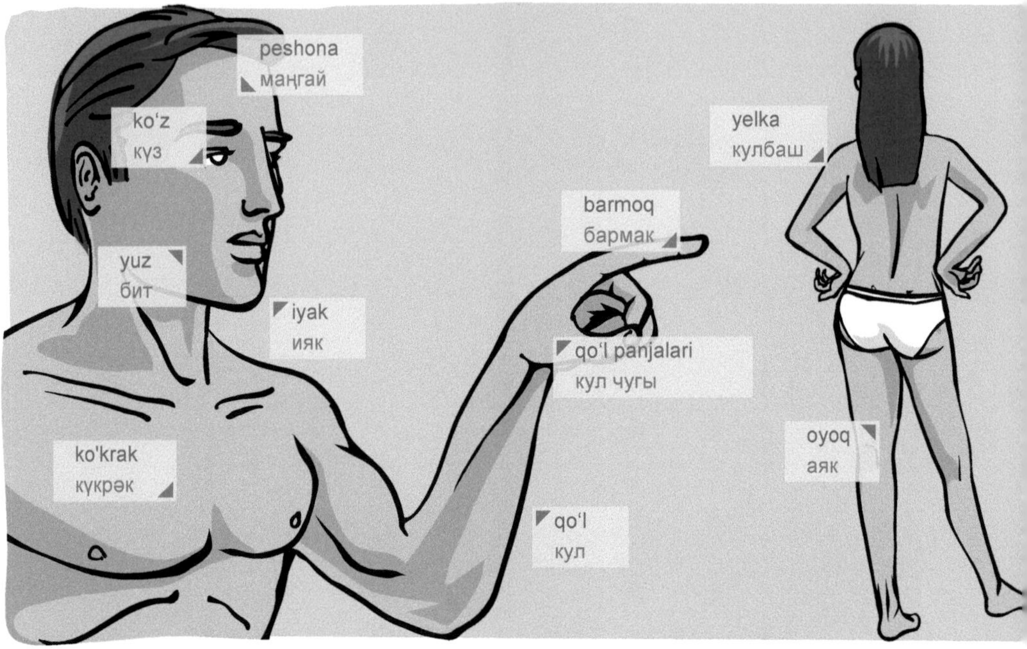

peshona
маңгай

ko'z
күз

yuz
бит

ko'krak
күкрәк

yelka
кулбаш

barmoq
бармак

iyak
ияк

qo'l panjalari
кул чугы

oyoq
аяк

qo'l
кул

chaqaloq

сабый

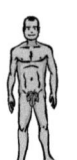

odam

ир

ayol

хатын

qiz bola

кыз

o'g'il bola

малай

bosh

баш

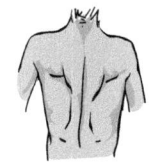
orqa
арка

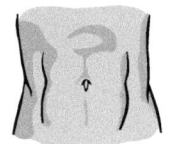
qorin
эч

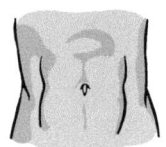
kindik
кендек

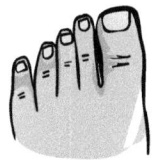
oyoq barmoqlari
аяк бармагы

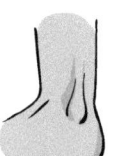
tovon
үкчә

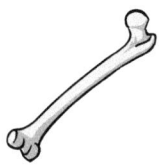
suyak
сөяк

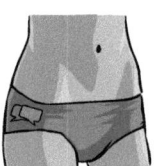
bel
бот

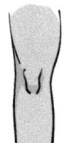
tizza
тез

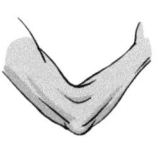
tirsak
терсәк

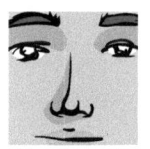
burun
борын

dumba
арт сан

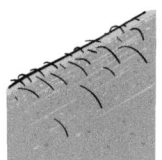
teri
тире

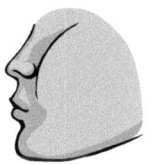
yanoq
яңак

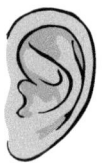
quloq
колак

lab
ирен

tana - тән

og'iz
авыз

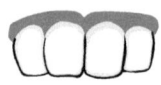

tish
теш

til
тел

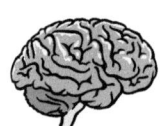

miya
ми

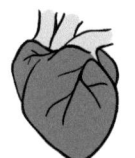

yurak
йөрәк

mushak
мускул

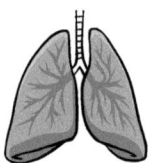

o'pka
үпкәләр

jigar
бавыр

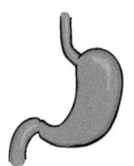

oshqozon
ашказан

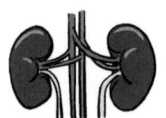

buyrak
бөерләр

jinsiy aloqa
җенси акт

prezervativ
презерватив

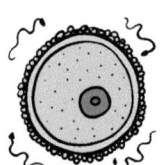

tuxum ho'jayra
күкәйлек

urug'
сперма

homiladorlik
көмәнлек

tana - тән

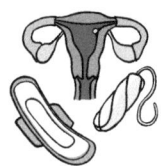
hayz
күрем

bachadon
вагина

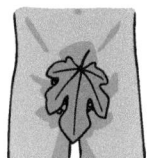
olat
пенис

qosh
каш

soch
чәчләр

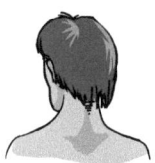
bo'yin
муен

# shifoxona
## хастаханә

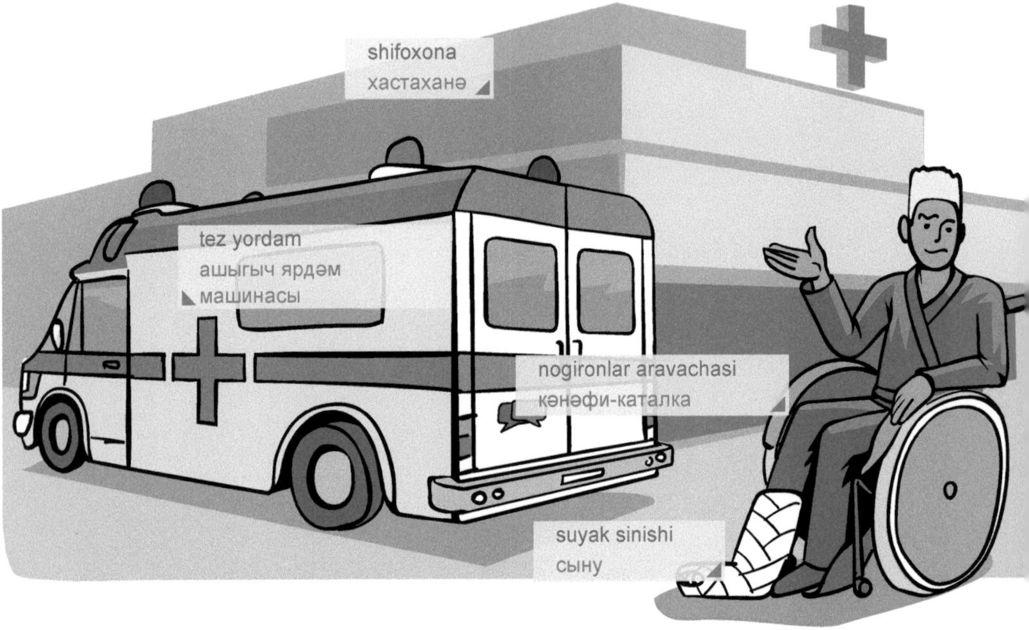

- shifoxona / хастаханә
- tez yordam / ашыгыч ярдәм машинасы
- nogironlar aravachasi / кәнәфи-каталка
- suyak sinishi / сыну

shifokor

табиб

Shoshilich tibbiy yordam ko'rsatish bo'limi

беренче ярдәм пункты

hamshira

шәфкать туташы

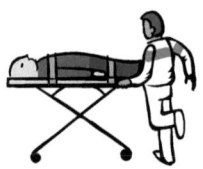

tez yordam

кичектергесез хәл

hushsizlik

аңсыз

og'riq

авырту

jarohat
зыян килү

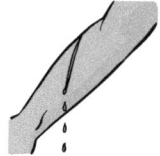
qonash
кан агу

yurak xuruji
инфаркт

insulьt
инсульт

allergiya
аллергия

yo'tal
ютәл

isitma
югары температура

tumov
грипп

ichburug'
эч киту

bosh og'rig'i
баш авырту

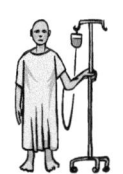
saraton kasalligi
кысла

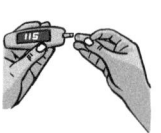
qandli diabet
диабет

jarroh
хирург

jarroh pichog'i
скальпель

jarrohlik amaliyoti
операция

shifoxona - хастаханә

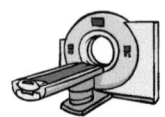

tomografiya
КТ

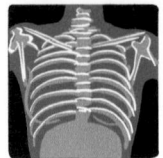

rentgen
рентген

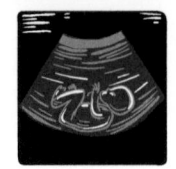

ultratovush tekshiruvi
ультратавыш

yuz niqobi
битлек

kasallik
авыру

qabulxona
кабул итү бүлмәсе

qo'ltiqtayoq
култык таягы

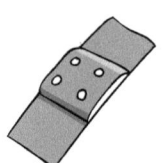

malhamli plastir
пластырь

bint
бинт

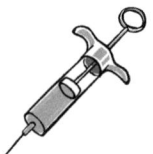

ukol
укол кадау

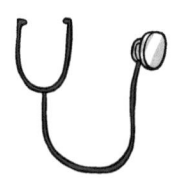

yurak urushini va o'pkani
eshitib ko'radigan asbob
стетоскоп

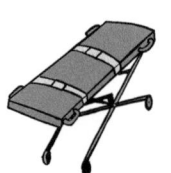

bemorlar uchun zambil
носилки

termometr
термометр

tug'ruq
туу

semizlik
артык авырлык

shifoxona - хастаханә

eshitish moslamasi

колак аппараты

dezinfektsiyalovchi vosita

йогышсызландыру чарасы

infektsiya

инфекция

virus

вирус

OIV / OITS

ВИЧ / СПИД

dori

дару

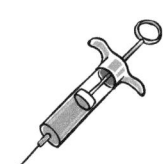

emlash

прививка

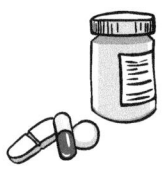

tabletka

таблеткалар

dori

балага узмас өчен таблетка

tez yordam qo'ng'irog'i

ашыгыч чакыру

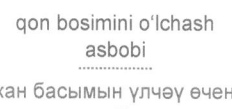

qon bosimini o'lchash asbobi

кан басымын үлчәү өчен прибор

kasal / sog'lom

авыру / сәламәт

shifoxona - хастаханә

# tez yordam
## кичектергесез хәл

Yordamga!
Ярдәм итегез!

xavf-xatar ishorasi
тревога сигналы

tajovuz
һөҗүм итү

hujum
һөҗүм

xavf
куркыныч

favqulodda holatlarda chiqish eshigi
запас чыгу урыны

Yong'in
Янгын!

o't o'chirgich
ут сүндергеч

falokat
каза

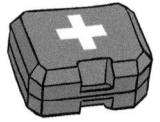
birinchi tibbiy yordam to'plami
даруханә

falokat signali
SOS

politsiya
полиция

# yer
# җир

Yevropa
Европа

Shimoliy Amerika
Төньяк Америка

Janubiy Amerika
Көньяк Америка

Afrika
Африка

Osiyo
Азия

Avstraliya
Австралия

Anlantika okeani
Атлантик океан

Tinch okeani
Тын океан

Hind okeani
Һинд океаны

Antarktida okeani
Антарктик океан

Arktika okeani
Төньяк Боз океаны

Shimoliy qutb
Төньяк полюс

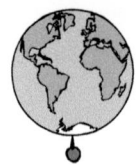  

Janubiy qutb — Көньяк полюс

Antarktika — Антарктика

yer — җир

o'lka — коры җир

dengiz — диңгез

orol — утрау

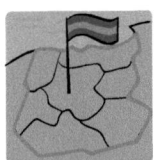 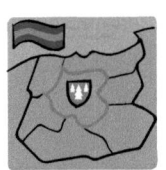

millat — милләт

davlat — дәүләт

# soat
# сәгать

astronomik vaqt ko'rsatgichi

сәгать циферблаты

soat mili

сәгать угы

daqiqa mili

минут угы

lahza mili

секунд угы

Soat necha?

Әле сәгать ничә?

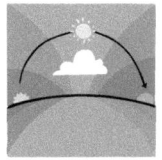

kun

көн

vaqt

вакыт

hozir

хәзер

raqamli soat

электрон сәгать

daqiqa

минут

soat

сәгать

soat - сәгать

# xafta
# атна

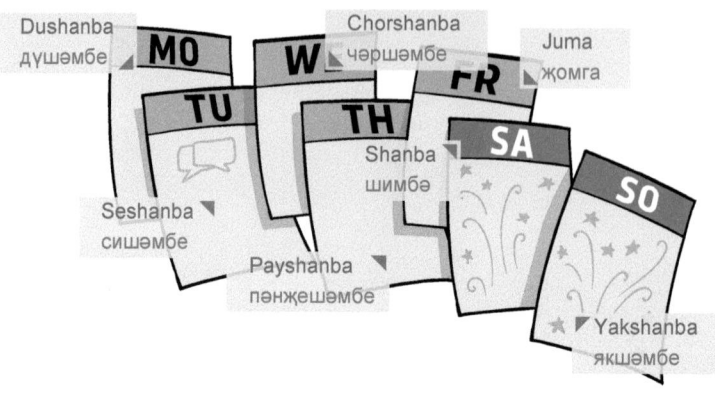

Dushanba / дүшәмбе
Seshanba / сишәмбе
Chorshanba / чәршәмбе
Payshanba / пәнҗешәмбе
Juma / җомга
Shanba / шимбә
Yakshanba / якшәмбе

kecha
кичә

bugun
бүген

ertaga
иртәгә

ertalab
иртә

peshin
төш

kechqurun
кич

ish kunlari
эш көннәре

dam olish kunlari
ял көннәре

xafta - атна

# yil
# ел

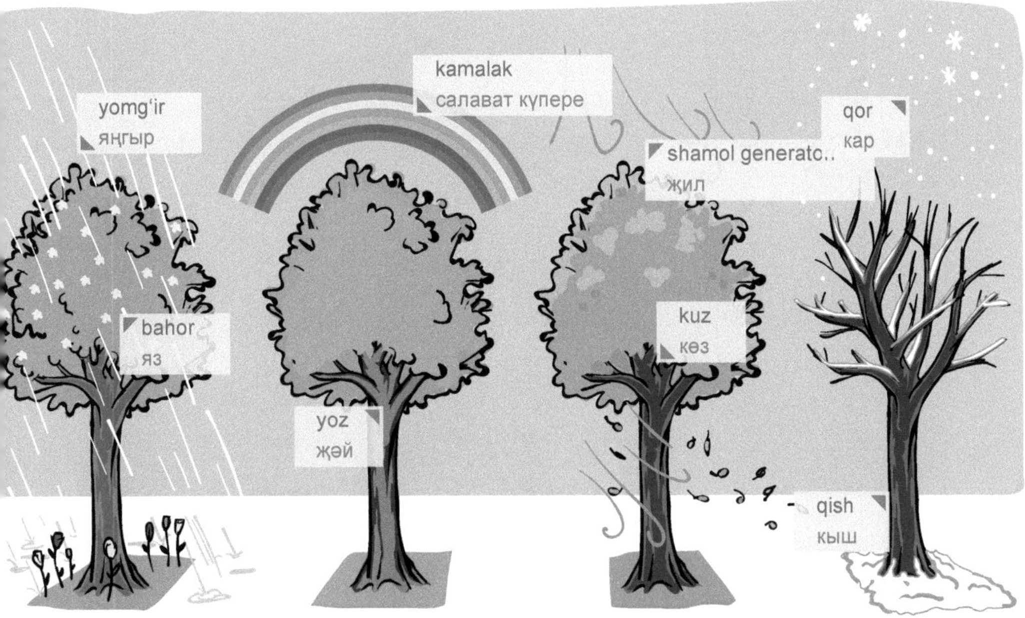

kamalak
салават күпере
yomg'ir
яңгыр
qor
кар
shamol generatc..
җил
bahor
яз
kuz
көз
yoz
җәй
qish
кыш


4.APRIL 11°
5.APRIL 4°
6.APRIL 13°
7.APRIL 8°
8.APRIL 10°


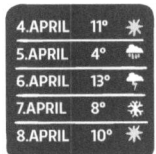

ob-havo ma'lumoti

һава торышы

F
C
120
90
60
30
0
-30
40
30
20
10
0
-10
-20


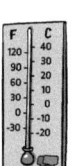

termometr

термометр

quyoshli

кояш яктысы

bulut

болыт

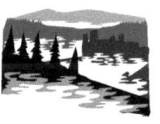

tuman

томан

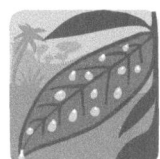

namgarchilik

дымлылык

chaqmoq
.................
яшен

momoqaldiroq
.................
күк күкрәү

bo'ron
.................
давыл

do'l
.................
боз

namgarchilik mavsumi
.................
муссон

toshqin
.................
су басу

muz
.................
боз

Yanvar
.................
гыйнвар

Fevral
.................
февраль

Mart
.................
март

Aprel
.................
апрель

May
.................
май

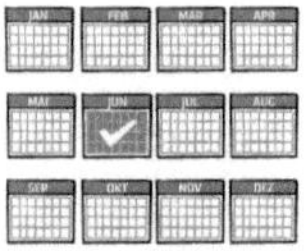

Iyun
.................
июнь

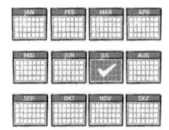

Iyul
.................
июль

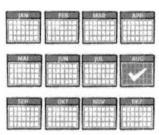

Avgust
.................
август

yil - ел

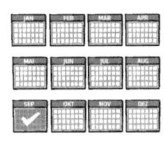

Sentyabr

сентябрь

Oktyabr

октябрь

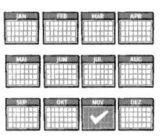

Noyabr

ноябрь

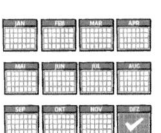

Dekabr

декабрь

## shakllar
## формалар

aylana

božra

kvadrat

квадрат

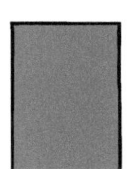

to'rtburchak

турыпочмак

uchburchak

өчпочмак

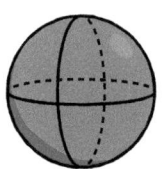

doira

шар

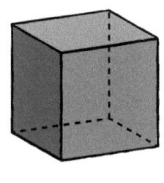

kub

куб

# ranglar
## төсләр

oq
ак

sariq
сары

sabzi rang
кызгылт сары

pushti
ал

qizil
кызыл

to'q qizil
шәмәхә

ko'k
зәңгәр

yashil
яшел

jigar rang
көрән

kul rang
соры

qora
кара

## qarama-qarshi ma'noli so'zlar
## капма-каршылыклар

ko'p / oz
күп / аз

g'azabli / xotirjam
усал / тыныч

go'zal / xunuk
матур / ямьсез

boshi / oxiri
башы / ахыры

katta / kichik
зур / кечкенә

yorug' / qorong'u
якты / караңгы

aka / singil
абый / эне

toza / iflos
чиста / пычрак

to'liq / chala
тулы / тулы түгел

kun / tun
көн / төн

o'lik / tirik
үле / тере

keng / tor
киң / тар

yesa bo'ladigan / yesa bo'lmaydigan

ашарга яраклы / ашарга яраксыз

yovuz / xayrli

явыз / яхшы

hayajonli / zerikarli

дулкынланган / сагынган

semik / oriq

юан / ябык

birinchi / oxirgi

башта / азакта

do'st / dushman

дус / дошман

to'la / bo'sh

тулы / буш

qattiq / yumshoq

каты / йомшак

og'ir / yengil

авыр / җиңел

ochlik / chanqov

ачлык / сусау

kasal / sog'lom

авыру / сәламәт

noqonuniy / qonuniy

хокуксыз / хокуклы

ziyoli / kaltafahm

акыллы / акылсыз

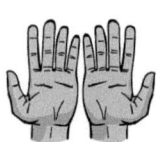

chap / o'ng

сулдан / уңнан

yaqin / uzoq

якын / ерак

yangi / ishlatilgan
.............
яңа / тотылган

hech narsa / bir narsa
.............
бер нәрсә дә / нәрсәдер

qari / yosh
.............
өлкән / яшь

yoniq / o'chiq
.............
тоташтырылган /
сүндерелгән

ochiq / yopiq
.............
ачык / ябык

past / baland
.............
әкрен / кычкырып

boy / kambag'al
.............
бай / ярлы

to'g'ri / noto'g'ri
.............
дөрес / дөрес түгел

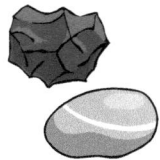

notekis / tekis
.............
кытыршы / шома

xafa / xursand
.............
моңсу / бәхетле

qisqa / uzun
.............
кыска / озын

sekin / tez
.............
җай / тиз

nam / quruq
.............
дымлы / коры

iliq / salqin
.............
җылы / салкын

urush / tinchlik
.............
сугыш / тынычлык

qarama-qarshi ma'noli so'zlar - капма-каршылыклар

# raqamlar
# саннар

**0** nol — ноль

**1** bir — бер

**2** ikki — ике

**3** uch — өч

**4** to'rt — дүрт

**5** besh — биш

**6** olti — алты

**7** yetti — җиде

**8** sakkiz — сигез

**9** to'qqiz — тугыз

**10** o'n — ун

**11** o'n bir — унбер

**12** o'n ikki
уникe

**13** o'n uch
унеч

**14** o'n to'rt
ундүрт

**15** o'n besh
унбиш

**16** o'n olti
уналты

**17** o'n yetti
унҗиде

**18** o'n sakkiz
унсигез

**19** o'n to'qqiz
унтугыз

**20** yigirma
егерме

**100** yuz
йөз

**1.000** ming
мең

**1.000.000** million
миллион

# tillar
## телләр

Ingliz

инглизчә

Amerikacha ingliz tili

американча инглиз

Xitoy tilining Mandarin lahchasi

мандаринча Кытай

Hind

һинди

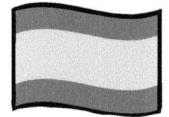

Ispan

испан

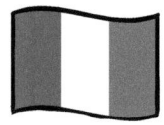

Frantsuz

француз

Arab

гарәп

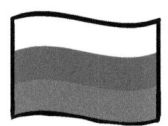

Rus

рус

Portugal

португал

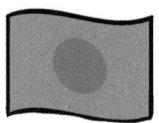

Bengal

бенгал

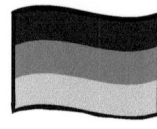

Nemis

алман

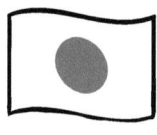

Yapon

япон

# kim / nima / qanday
## кем / нәрсә / ничек

Men

мин

Sen

син

u / u / u

ул / ул / ул

biz

без

sizlar

сез

ular

алар

kim?

кем?

nima?

нәрсә?

qanday?

ничек?

qayerda?

кайда?

qachon?

кайчан?

ism

исем

# qayerda
## кайда

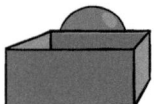

orqada

артта

ichida

эчендә

oldida

алда

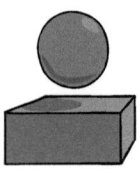

uzra

өстендә

ustida

өстенә

tagida

астында

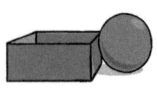

yonida

янәшә

oʻrtasida

арасында

joy

урын